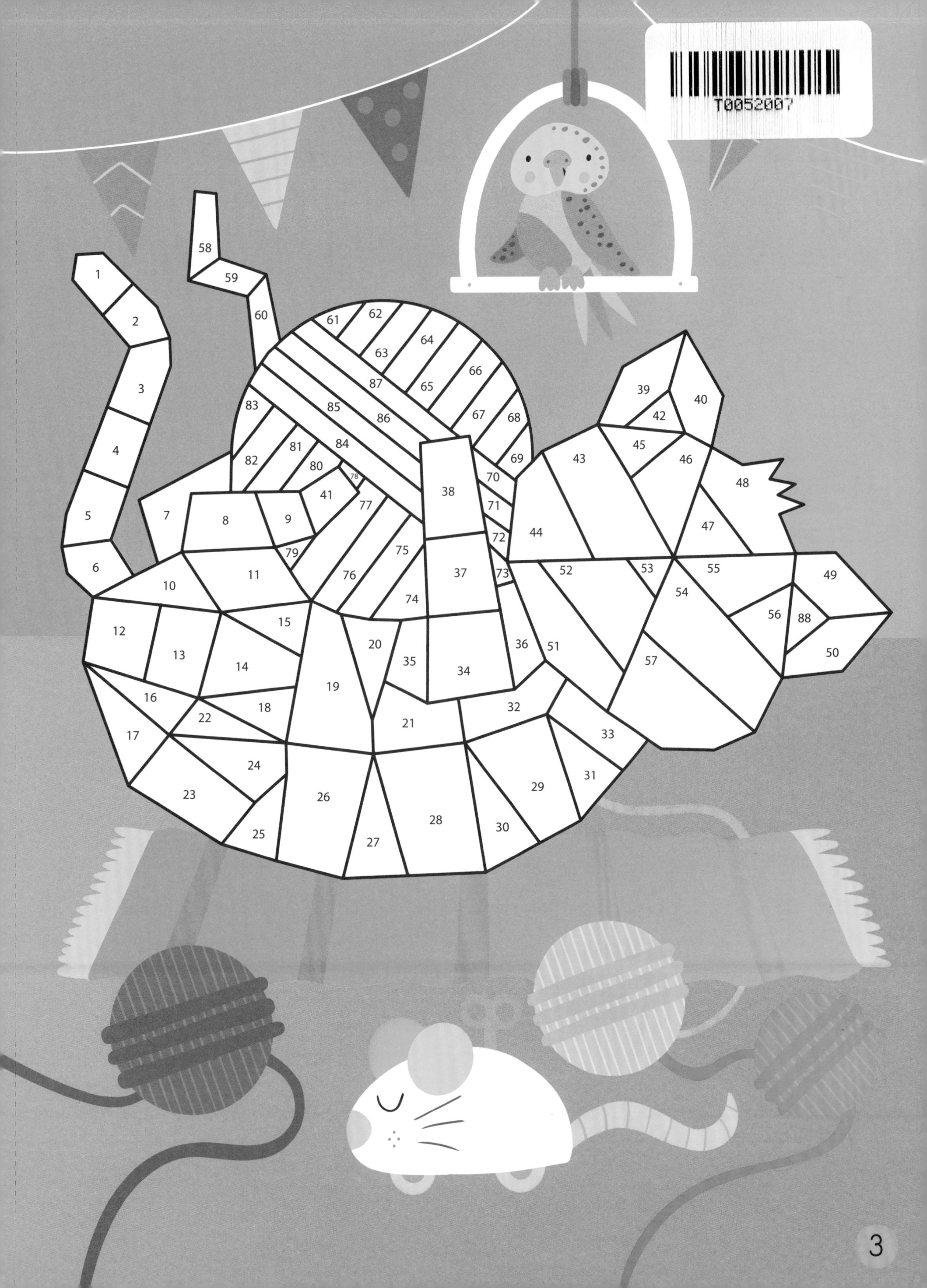
1
2
3
4
5
6
7
8
9
10
11
12
13
14
15
16
17
18
19
20
21
22
23
24
25
26
27
28
29
30
31
32
33
34
35
36
37
38
39
40
41
42
43
44
45
46
47
48
49
50
51
52
53
54
55
56
57
58
59
60
61
62
63
64
65
66
67
68
69
70
71
72
73
74
75
76
77
78
79
80
81
82
83
84
85
86
87
88

YOU
ARE
PURR-FECT

1 2 3 4 5 6 7 8 9 10 11 12 13 14 15 16 17 18 19 20 21 22 23 24 25 26 27 28 29 30 31 32 33 34 35 36 37 38 39 40 41 42 43 44 45 46 47 48 49 50 51 52 53 54 55 56 57 58 59 60 61 62 63 64 65 66 67 68 69 70 71 72 73 74 75 76 77 78 79 80 81 82

BE
SOME-BUNNY
AWESOME!

1
2
3
4
5
6
7
8
9
10
11
12
13
14
15
16
17
18
19
20
21
22
23
24
25
26
27
28
29
30
31
32
33
34
35
36
37
38
39
40
41
42
43
44
45
46
47
48
49
50
51
51
52
53
54
55
56
57
58
59
60
61
62
63
64
65
66
67
68
69
70
71
72
73
74
75
76
77
78
79
80
81
82
83
84
85
86
87
88
89
90
91
92
93
94
95
96
97
98
99

Have a n-ice day!

1
2
3
4
5
6
7
8
9
10
11
12
13
14
15
16
17
18
19
20
21
22
23
24
25
26
27
28
29
30
31
32
33
34
35
36
37
38
39
40
41
42
43
44
45
46
47
48
49
50
51
52
53
54
55
56
57
58
59
60
61
62
63
64
65
66
67
68
69
70
71
72
73
74
75
76
77
78
79
80
81
82
83
84
85
86

THE FUTURE IS YOURS!

1
2
3
4
5
6
7
8
9
10
11
12
13
14
15
16
17
18
19
20
21
22
23
24
25
26
27
28
29
30
31
32
33
34
35
36
37
38
39
40
41
42
43
44
45
46
47
48
49
50
51
52
53
54
55
56
57
58
59
60
61
62
63
64
65
66
67
68
69
70
71
72
73
74
75
76
77
78
79
80
81

THINK PAW-SITIVE!

1 2 3 4 5 6 7 8 9 10 11 12 13 14 15 16 17 18 19 20 21 22 23 24 25 26 27 28 29 30 31 32 33 34 35 36 37 38 39 40 41 42 43 44 45 46 47 48 49 50 51 52 53 54 55 56 57 58 59 60 61 62 63 64 65 66 67 68 69 70 71 72 73 74 75 76 77 78 79 80 81

LOOK OUT FOR EACH OTHER!

1
2
3
4
5
6
7
8
9
10
11
12
13
14
15
16
17
18
19
20
21
22
23
24
25
26
27
28
29
30
31
32
33
34
35
36
37
38
39
40
41
42
43
44
45
46
47
48
49
50
51
52
53
54
55
56
57
58
59
60
61
62
63
64
65
66
67
68
69
70
71
72
73
74
75
76
77
78
79
80
81
82
83
84
85
86
87
88
89
90
91
92
93

Eggs-plore the World!

1
2
3
4
5
6
7
8
9
10
11
12
13
14
15
16
17
18
19
20
21
22
23
24
25
26
27
28
29
30
31
32
33
34
35
36
37
38
39
40
41
42
43
44
45
46
47
48
49
50
51
52
53
54
55
56
57
58
59
60
61
62
63
64
65
66
67
68
69
70
71
72
73
74
75
76
77
78
79
80
81
82
83
84
85
86
87
88
89
90
91
92
93
94
95
96
97
98
99
100
101
102
103
104
105
106
107
108
109
110
111
112
113
114
115
116
117

Focus on the Good!

1
2
3
4
5
6
7
8
9
10
11
12
13
14
15
16
17
18
19
20
21
22
23
24
25
26
27
28
29
30
31
32
33
34
35
36
37
38
39
40
41
42
43
44
45
46
47
48
49
50
51
52
53
54
55
56
57
58
59
60
61
62
63
64
65
66
67
68
69
70
71
72
73
74
75
76
77
78
79
80
81
82
83
84
85
86
87
88
89
90
91
92
93
94
95
96
97
98
99
100
101
102
103
104
105
106
107
108
109

EWE GOT THIS!

1
2
3
4
5
6
7
8
9
10
11
12
13
14
15
16
17
18
19
20
21
22
23
24
25
26
27
28
29
30
31
32
33
34
35
36
37
38
39
40
41
42
43
44
45
46
47
48
49
50
51
52
53
54
55
56
57
58
59
60
61
62
63
64
65
66
67
68
69
70
71
72
73
74
75
76
77
78
79
80
81
82
83
84
85

Nut-thing compares to you!

1
2
3
4
5
6
7
8
9
10
11
12
13
14
15
16
17
18
19
20
21
22
23
24
25
26
27
28
29
30
31
32
33
34
35
36
37
38
39
40
41
42
43
44
45
46
47
48
49
50
51
52
53
54
55
56
57
58
59
60
61
62
63
64
65
66
67
68
69
70
71
72
73
74
75
76
77
78
79
80
81
82
83
84
85
86
87
88
89
90
91
92
93
94
95
96
97
98
99
100
101
102
103
104
105
106
107
108
109
110

Make every day Count!

1 2 10 58 57 16 59
5 3 38
77 36 37 39 87 15
8 9 76
4 18 19 22 17
11 25
12 50 94 26
7 6 91 34 49
48 74
92 44 62
14 43 29
24 60 88
35 61
13 21 20 52
65 86 84
47 27 75 41
23 33 46
93 53
51 79 80
64 63 28 68
82 32 71 89
31 45 67
30 83 66
90 69 78
85
72 42
81
40 55 54 56 70 73

1
2
45
48
57
55
52
3
4
46
88
59
47
49
43
5
6
42
60
61
26
38
41
39
54
10
67
33
53
70
51
56
37
40
50
11
66
28
44
7
27
34
15
62
36
29
31
30
12
25
13
69
68
23
83
73
72
78
14
24
77
63
71
81
21
64
22
16
82
74
65
76
18
32
17
87
86
79
8
35
19
85
58
9
20
80
75
84

1
2
5
4
18
7
45
27
3
65
16
23
20
11
6
8
9
21
12
35
15
10
13
24
17
75
78
41
50
26
34
44
25
29
67
68
14
74
64
31
70
19
22
76
36
72
47
66
48
69
32
73
51
77
42
37
33
58
28
53
79
43
71
80
82
39
52
60
55
49
40
54
63
46
81
59
56
61
57
38
62
30

1
3
6
20
4
90
2
7
62
14
27
8
19
5
28
37
10
11
32
9
23
57
13
15
33
77
17
38
12
51
75
21
16
22
61
29
34
53
24
18
25
26
30
41
35
36
52
49
98
31
43
47
42
50
64
74
84
39
45
44
48
60
93
40
46
51
66
65
83
56
63
54
95
87
58
85
88
72
94
59
86
67
80
97
89
55
96
82
92
91
99
78
68
73
81
69
76
79
70
71

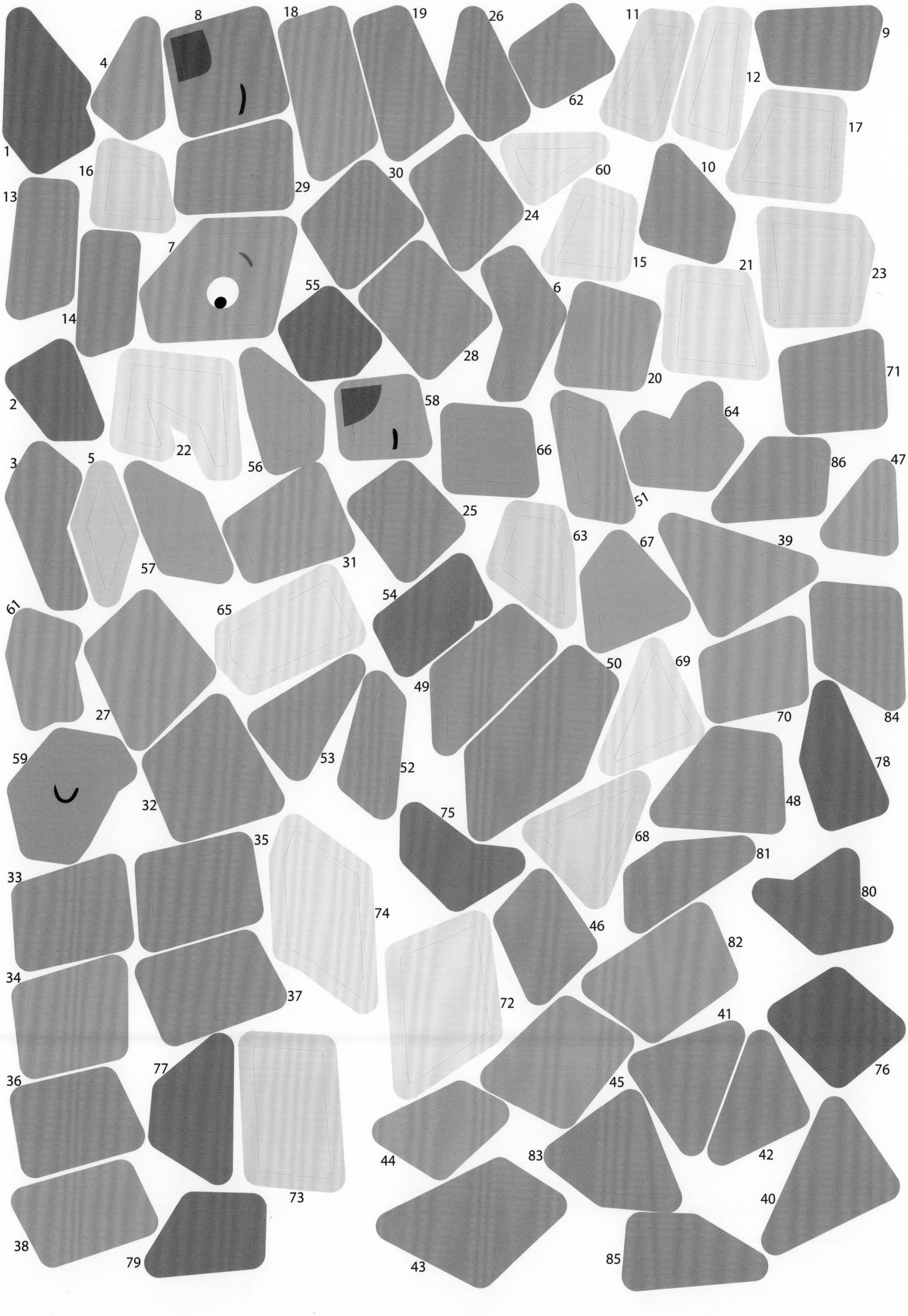
1
4
8
18
19
26
62
11
12
9
17
16
29
13
30
60
10
24
15
21
23
7
14
55
6
28
20
71
2
22
56
58
64
66
3
5
57
31
25
51
86
47
63
67
39
61
65
54
27
50
69
70
84
49
59
53
52
32
75
48
78
68
81
35
33
74
46
80
82
34
37
72
41
76
36
77
45
42
44
83
73
40
38
79
43
85

3
1
2
15
16
13
60
10
4
20
17
7
14
42
11
5
27
81
6
18
12
35
8
28
25
32
23
41
9
38
22
73
19
49
34
43
26
77
54
24
40
31
44
45
48
75
46
33
64
70
61
68
30
29
66
56
51
69
72
53
52
59
78
62
63
55
37
76
74
79
65
58
36
71
47
50
57
80
39
67
21

1
2
3
4
15
7
25
19
14
12
5
17
23
20
6
64
80
79
68
81
13
11
9
38
16
32
39
29
27
30
62
44
43
66
61
33
60
36
31
21
59
75
28
67
78
37
22
56
63
77
18
40
8
71
26
24
58
10
35
41
74
65
34
72
76
57
42
46
70
69
49
47
51
53
73
55
54
50
48
52
45

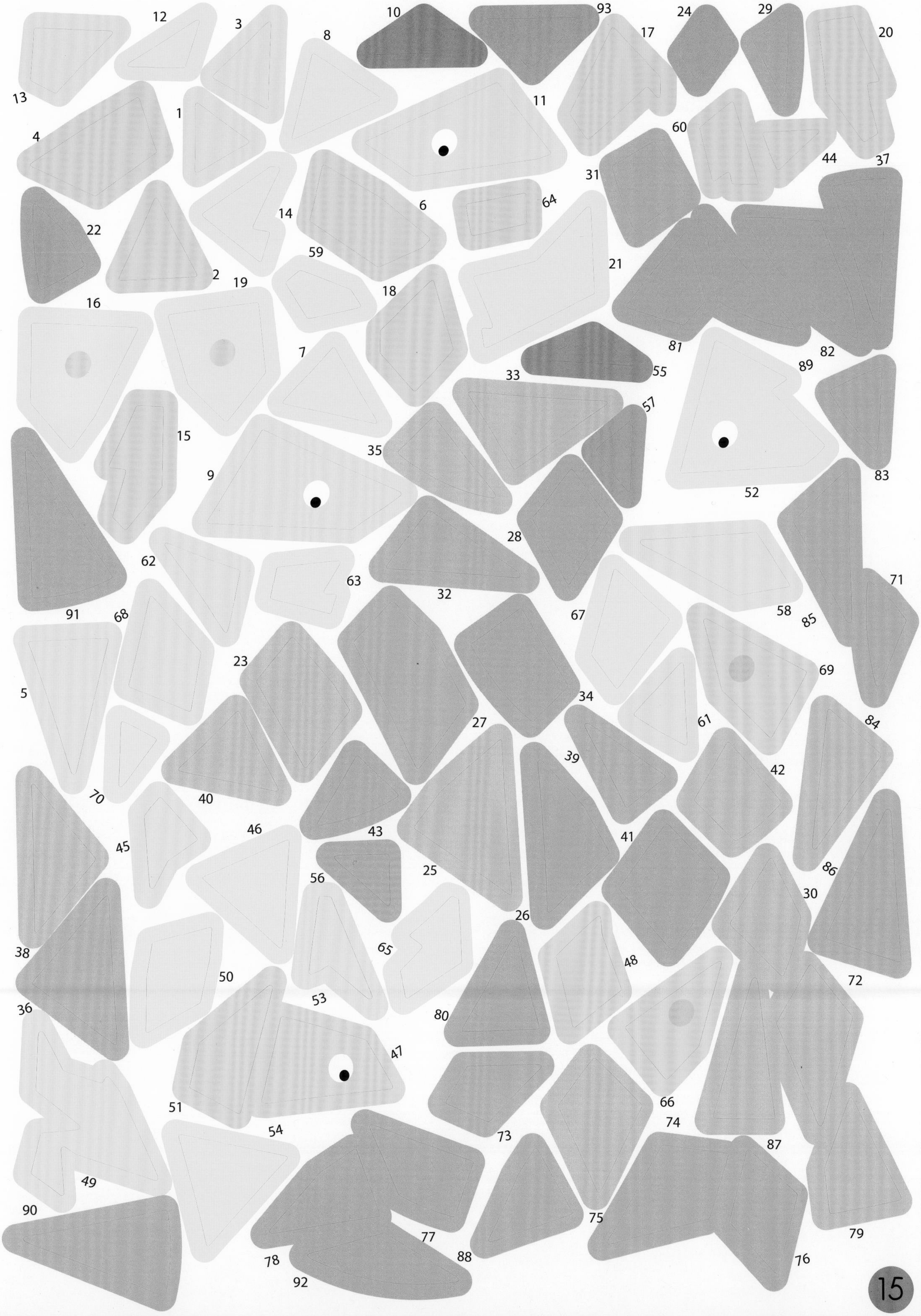

12
3
10
93
24
29
8
17
20
13
11
1
4
60
44
37
31
14
6
64
22
2
19
59
21
18
16
7
81
82
89
33
55
57
15
35
9
83
52
28
62
63
32
71
91
68
67
58
85
23
69
5
34
27
61
84
39
42
70
40
43
46
45
41
86
56
25
30
26
65
38
48
50
72
53
80
36
47
66
51
73
74
87
54
49
90
75
79
77
88
78
76
92

115
116
117
11
90
13
68
101
82
88
12
76
113
14
20
114
52
21
28
34
15
16
18
9
37
111
17
96
59
112
105
50
49
108
110
83
95
63
19
109
107
62
7
35
45
77
106
102
84
57
98
104
26
43
56
65
8
94
99
60
54
64
40
48
71
103
4
42
5
97
32
47
27
100
33
85
6
1
31
41
2
3
46
87
30
86
25
61
91
73
58
55
36
24
39
10
29
72
53
66
93
92
78
74
51
23
79
67
38
44
89
75
69
22
81
70
80

2
1
3
10
14
19
4
5
15
11
18
36
29
46
6
12
16
30
22
25
34
28
21
20
7
9
8
27
35
41
26
13
33
86
42
37
31
48
38
23
17
40
54
61
62
59
39
52
24
32
63
96
57
53
58
70
64
45
43
44
67
47
95
60
71
56
55
94
65
73
72
104
101
49
69
80
83
68
99
77
88
105
75
103
82
76
102
107
81
100
106
74
79
51
78
89
108
85
97
98
90
109
91
66
84
92
50
93
87

57
9
5
15
8
13
38
7
6
61
62
1
3
30
20
12
10
16
4
19
77
11
85
80
76
59
2
14
83
18
17
74
35
79
75
31
46
32
78
33
24
81
84
82
37
29
73
34
40
36
48
72
69
47
42
28
26
23
41
25
39
27
51
60
67
71
65
70
44
55
22
21
68
63
50
56
43
53
52
54
49
45
66
64
58

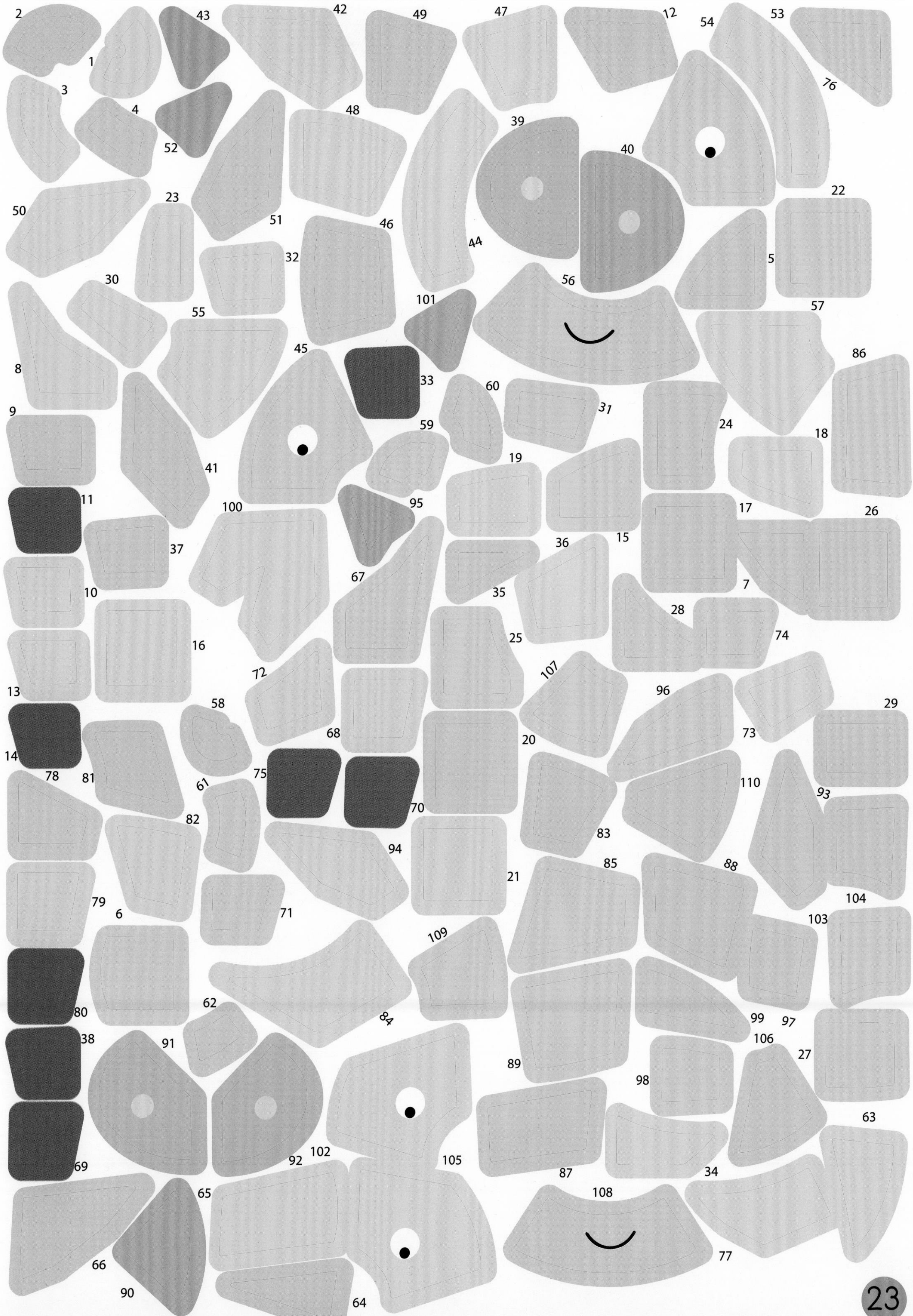
2
43
42
49
47
12
54
53
1
3
76
4
48
39
52
40
23
22
50
51
46
32
44
5
30
56
101
57
55
45
86
8
33
60
31
24
9
59
18
19
41
11
95
100
17
26
37
36
15
67
10
35
7
28
16
25
74
107
72
96
13
58
29
68
73
20
14
78
81
75
61
110
70
93
82
83
94
85
88
21
79
71
6
104
103
109
84
62
80
99
97
38
91
106
27
89
98
63
69
92
102
105
87
34
108
65
66
77
90
64